2. Auflage; Paperback

ISBN: 978-8-42-38034-9

Herstellung und Verlag:
        Books on Demand GmbH, Norderstedt

Vielen Dank an alle, die bei der Erstellung der
Druckvorstufe und der Einbandgestaltung
stets mit gutem Rat zur Stelle waren.

Lebensgedichte

Johann Plessing

Eine Sammlung von Versen und Gedichten,
inspiriert aus Erlebnissen, Beobachtungen und
Situationen, die nur das Leben aufbieten kann.

Zusammengestellt von
Margareta und Markus Plessing
anlässlich des 70. Geburtstags ihres
geliebten Ehemannes und Vaters.

August 2011

Humor
und
Mundart

Der fromme Wunsch

Klein Siegfried goht scho ziemlich lang
in d' Volksschul, frisch und gar it bang.
Er isch der Stolz der erschta Klass'
doch oimol kommt er kreida-blass
fascht 10 Minuta später hoi',
bläret in Vatters Ohra nei':
Woisch Papa, i find's gar it schee,
dass eaba i a Mannsbild be.
Am liabsta wär' i, ehrlich g'sait,
a Mädle, des a Röckle trait! –
Soo, moint der Vatter noch em Losa,
was stört denn di' an deine Hosa?
I be scho wirklich überrascht,
was du dir do für Sorga machscht.
Der Vorteil liegt doch auf der Hand:
Wer d'Hosa trait isch Herr im Land.
Und außerdem, du sottesch 's wissa,
wia oft goht ma zum „Biesla-müssa"!
Drzuana dauernd nieder hocka ...
scho des alloi könnt' mi it locka,
im Winter wird no's Fiedla kalt –
glaub' mir, a Hos' macht sich bezahlt.

Beim Windstoß ..., fährt der Vatter fort –
do meld't der Bua sich meh' zu Wort:
Woisch Papa, du losch außer acht,
was des in eiser Schual ausmacht!
Hätt' i a Röckle, wär' i eaba
it auf der Eselsbank da g'leaga.
Des isch jo, was mi so empört:
De Mädle bleibt dia Schmach verwehrt,
jedoch eis Buaba wird derweil
mi'm Stock versohlt des Hinterteil.
Will eiser Welt gerechter sei
so führ' se d' „Röckla-Spanner" ei!
Der Vatter lacht mit weitem Mund:
Des also isch der ganze Grund!
Etzt werd' mol erscht a reifer Ma',
dann nimmsch di' um dia Weibsleit' a' –
Als Ehema' brauchsch di' it ziera,
do ka'sch der Frau da „Po" massiera,
die Übung macht dir no meh' Freid.
wenn sie ihr Hösle legt beiseit',
Du selber b'halt die' Hosa a',
denn des isch 's Zoicha vo' ma Ma' ...!

09.04.1965

9

Warum der Hund den Schwanz einzieht

A Mädle, 6 Jahr alt, voll Freud und voll Lust
des erst bis vor kurzem am Dauma no glutscht,
wird ganz überraschend, halt so uf amol,
zum Nochdenka zwunga noch folgendem Fall:

'S kloi Hundle vom Nochber sieht kläpperdürr aus
drum nimmt des brav' Kindle sei Butterbrot raus
und bricht a Drumm 'ra, dass der Dackel was kriegt
doch der springt dr'von und da Schwanz no einzieht.

Etz stoht halt des Mädle verdattret um'nand
denn des mit dem Dackel goht übs da Verstand
a Antwort druff z'finde isch's Köpfle bemüht:
worum dass der Hund bloß da Schwanz z'mol einzieht.

Noch langem überlega kommt ihr der Entschluss
dass des ganz bestimmt an der Größ' liega muss
no hot se des gleiche beim Wolfshund probiert:
au der dreht sich um und da Schwanz glei' einzieht.

Do woiß sich des Mädle koin andera Rot
und hot wega dem bei der Mutter nochg'frogt,
die moit, weng verlega, dass's öfters passiert
dass der Hund überraschend da Schwanz so einzieht.

Noch gang i zum Papa, der woiß do Bescheid –
doch der lot sich reichlich zum Nochdenka Zeit:
woisch Kindle, des hot mi nia groß intressiert
wieso dass der Hund z'mol da Schwanz so einzieht.

Ganz ohne a Antwort wird's Mädele groß
und trotzdem kommt es von dem Kummer it los –
Warum dass der Hund all sein Schwanz so einzieht.
vom Freund will se's wissa, hochrot und geniert:

Der gibt ihr zur Antwort: „I bin jetzt Soldat,
für mich ist das Anliegen mieser Salat,
zum Nachsinnen d'rüber halt ich für verfrüht
warum dass der Hund seinen Schwanz so einzieht."

Sie hot sich druff na glei zum Lehrer bewegt
Hot bei ihrem Moischter Beschwerde ei'g'legt:
„Möcht' nachträglich wissa – hot sie reklamiert –
warum dass der Hund bloß da Schwanz so einzieht?"

Des selbe Ausweicha muss sie wieder spüra:
– domit wollet sich diese Mannsbilder ziera?
„Solang du no ledig, des garit pressiert
wieso dass der Hund zmol da Schwanz so einzieht.

Scho bald hot se g'heiret, aus lauter Begier,
um endlich zu klära den Fall bei dem Tier
und hofft dass sie damit die Antwort druf kriegt
warum dass der Hund bloß da Schwanz so einzieht.

Am Tag noch der Brautnacht zur Mutter sie eilt
und ihr unter Tränen die Freude mitteilt:
„Mama, i woiß alles, i bin informiert
warum dass der Hund denn da Schwanz so einzieht!"

Mir hots heit Nacht träumt, so beginnt ihr Bericht,
dass selbst auch dia Hündin des gleiche verricht,
im ganz allgemeina, wenn sie sich blamiert
die Hündin genauso da Schwanz glei einzieht.

Es gilt bei den Hunden die feine Moral
a Loch zu verbergen im Ärgernisfall,
des isch wohl den meisten uns Menschen vertraut –
ob Hund oder Hündin: Der Schwanz wird verstaut!

Des isch jetzt die Antwort, etzt wisset mer's doch
ob Hund oder Hündin, der Schwanz g'hört ans Loch.
Wie hoißt nun die Lehre von diesem Lied,
wenn ma sie mit fröhlichem Herza ansieht?

Verbreitesch du Freude beim Mensch und beim Tier,
dann danken es wedelnde Schwänzele dir.

27.10.1965

Anatomisches

Zufolge dem Substanzzerwürfnis
der Mensch verspürt manch' Urbedürfnis.
Aus Nahrung, die der Mund verzehrt,
schafft bald der Magen Nettowert.
Was hier vollzogen an Enormem
das kennen wir in vielen Formen.
Zu dem, was unsern Leib verlasse
zählt sich eine feste Masse
und was als zweites uns entweicht,
am nächsten wohl dem Wasser gleicht.
Man geht verrichtend auch sofort
an den dafür bestimmten Ort.
Nun gibt es noch der Dinge zwei,
was so dem Gase ähnlich sei.
Das eine wandert aus dem Grund
zumal geräuschvoll durch den Schlund.
Das letzte aber sich erwählt
den Weg der Masse, wie erzählt.
Es weiß der Kuckuck wohl weshalb
am Ende dies so grässlich schallt.
Jedoch das Schlimme dabei ist,
dass es noch mit Geruch vermischt.
Zu dem Geruch sei noch gesagt,
dass er nicht Jedermanns Geschmack.
Da hilft kein wedeln und kein blasen,
er dringt sofort in falsche Nasen.
Der „Stinker" ist darob vergrämt
und zeigt's indem, dass er sich schämt.

27.12.1965

Interview am Straßenrand

Dia Zeitung macht scho' lang im Land
des <"Interwju" am Straßenrand>.
Des Ganze lauft noch gleichem Schema:
Ma nimmt a aktuelles Thema
und find't damit als Fragesteller
da oi' und andara Verzeller.
Genauso isch es sellmol gwea,
i hau's mit oigne Auga g'seha.
A Weible nebs em Eikaufswaga
derf was ins Mikrofon nei saga.
Es dreht sich um den heißen Kern:
„Hond d'Fraua ihre Männer gern?"
Des Weible schnaufet hörbar ei'
und sait mit fester Stimm: Dr Mei',
des isch a seelaguater Ma',
mit dem i alles macha ka'.
Er nimmt mir d'Arbet aus der Hand,
sei Kochkunst isch weitrum bekannt.
Am liebsta tuat er d' Enkel wickla,
der ganze Garta isch sei Stückla,
an jedem Samstag saugt er Staub
und vorher hot er scho, i glaub,
da Eikauf tätigt für a Woch,
a Kleid, a schöns, mir kauft – und doch
hot's Geld no' g'roicht für a paar Rosa,
Knöpf näht er sell an seine Hosa.
B'reits 20 Johr semmer Eheleut
It oimol hommer g'het an Streit.
Er raucht it und er trinkt koi Bier,
er meidet jeda Wirtschaftstür.

Des Weible wächst scho üb'se naus,
ihr Loblied goht 'ra gar it aus.
Der Interviewer senkt da Blick:
„I fürcht', des ganze Eheglück
isch für mei Zeitung viel zu groß,
mir könnet a paar Zeila bloß
als Antwort in dia Spalte bringa,
dia Red' tät jeden Rahma sprenga.
I bitt' ui schee, saget's in Kürze,
was isch an ihrem Ma' die Würze?"
Und 's Weible fangt meh' a verzella,
was sie no' alls het saga wella,
dass ihra Ma' nia liaga däb,
und suscht au' koine „Mucka" häb...
„Habt vielen Dank nun, liebe Frau,
aus ihnen werde ich nicht schlau,
was sie hier schildern ist enorm
doch bringen sie's in kurze Form
sonst können sie ihr Wort nicht lesen
und alles ist umsonst gewesen."
Des Weible fangt a zum kapiera –
Ihr Bild soll doch die Zeitung ziera!
Ja, wenn des so isch, stoht se ei',
no' braucht's koi langa Litanei,
i werd doch it mei Hira schlaucha
und alles G'saite z'ammastaucha,
des Ganze gibt scho oi Wort her:
„Er isch mei' - A l l e r - W e r t e s t e r (!)"

11.12.1993

Gewohnheitserfahrung

Gar manchen braven Ehemann
sticht halt der Hafer dann und wann.
Der Eine ist in Sachen Sport
selten daheim und meistens fort.
Der andre geht in einer Tour
des Schattens wegen weg zur Kur.
Ein Weit'rer hat das Arbeitsfieber,
die Überstunden sind ihm lieber.
Der Nächste muss noch dienlich sein
sechsmal die Woche im Verein.
Dann gibt's den Typen noch zuletzt,
der sich so gern ins Wirtshaus setzt.
Was spricht von allen nun dafür,
dass er als Musterelixier
an Zuverlässigkeit und Treu'
ein Vorbild in der EHE sei?
Nun, alles hat sein Für und Wider,
doch schreibt es schon die Chronik nieder,
dass alle vier zuerst genannten
am Ende nur den Sinn erkannten
für länger außer Haus zu fliehen
und sich der Pflichten zu entziehen.

Am Ende einer langen Kette
schleicht er sich heimlich still zu Bette,
um morgen seinen Mann zu stehen
und wieder frisch zur Arbeit gehen.
Doch unser lieber guter Zecher
ist nach so manchem vollen Becher
erst recht in seine Frau verliebt,
dass er sich blind nach Haus begibt.
Nach einer Art von Hürdenlauf
schließt sie ihm schon die Türe auf.
Es fürchtet nicht der brave Kämpfer
von einem Nudelholz den Dämpfer,
weil er, vorsorglich eingeübt,
geträllert hat ein Liebeslied.
Gar zweimal widmet er sein Lied
weil er sein Weib schon doppelt sieht.
Und als Belohnung kriegt er auch
zwei heiße Küsse auf den Bauch.
Kein Wunder, wenn man so verwöhnt,
sich stets nach Wiederholung sehnt,
denn jeder kommt auf seine Kosten –
so kann doch keine Liebe rosten!

19.02.1995

Allgäu - Frieden

Mir hond a so pressante Zeit
glei muaß alls sei und bald,
jo dia Entwicklung macht scho heit
au' it vorm Allgäu Halt.

De Fremde bringet ihra Hitz
voll in da Urlaub mit,
vo' Hoimet-Ruah verstond se nix
dia kennet bloß Verlitt.

Der Allgaier soll schneller macha,
dr Bauer wia der Kneacht,
in große und in kloine Sacha,
noch' wär' der Nutza reacht.

Dr Häge isch 'na viel zu still
und 's Gräs sott schneller wachsa,
no hättet d' Küah au mehrer Mill
zwischa de Hinterhaxa.

Und so weiter und so weiter ...
do stoht der Bergler auf:
„Mei' liaber Freind, des wär' jo heiter,
do ging' der Spaß mir drauf."

„Bevor", so fasst der Guate zammet
und sait's im feschta To',
„mir Händ und Herz und Geist verlahmet,
woiß i scho eha z' do!"

21.08.1976

18

Gereimter Witz

Ein Zecher kommt sehr spät nach Haus,
es sind schon alle Lichter aus.
Der Haustürschlüssel dreht sich leicht,
der Hausgang ist somit erreicht.
Eine Gestalt im Dunkeln steht
und drohend ihre Hand erhebt.
Doch an der Stimme ganz genau
erkennt der Arme seine Frau.
Verkündet sie doch siegesstolz,
mit hochgestrecktem Nudelholz,
den einen Satz, der ihr zu eigen:
„Jetzt werd' ich es dir aber zeigen!"
Der Zecher lallt: „Nein, dankeschön,
heut' will ich's nämlich gar nicht seh'n !"

11.03.1996

„Seel(en)Sorge"

Dr Herr im Himmel wird's scho macha,
so hoißt's landauf, landab,
de große und de kloine Sacha
bergauf, sowia bergab.

Doch: Hilf' dir sell', so hilft dir Gott –
sait meh' a andrer Spruch.
koi Knocha rettet di, wär' Not,
nagst du am Hungertuch.

Der Himmelvatter sieht gar alls,
so klingts aus mancher Predigt.
Koi Wunder, wenn sich manchenfalls
was über Nacht erledigt.

Seit Neuem gibt's do a Problem
Mit unsre Pfarrersleit:
Dia Schäfles-Hirt' seit ehedem
hond plötzlich kaum no Zeit.

A Hektik hond se, Woch für Woch,
dia Amtskirch tuat mir leid,
sie pfeift bald aus em letzschta Loch,
des macht koim Christ a Freid!

Grad, dass ma di als Säugling tauft
und hintanoch no firmet,
zum heira bisch bald scho verkauft –
der Pfarrer isch „vertwirnet"

Und wirfsch amol da Löffel futt,
no sott ma di verscherra,
dozua vielleicht koi Pfarr meh' kutt,
des roicht alloi zum blära!

Wenn du als armer Sünder
amol zum Beichta witt,
no moisch, du sei'sch a Blinder,
du findsch koin Pfarrer it.

Bald stoht, gesetzten Falles,
a Roboter parat
und schluckt geduldig alles
als Beichtstuhl-Automat.

Für deine kloine Macka
stecksch ihm a Münze nei',
doch soll er schwerers packa –
dann nimmt er gern an Schei'!

So wär der Kreis meh' g'schlossa:
Die Seelenpein verschwindt,
und d'Schuld isch glei verflossa,
wenns Geld im Kasta klingt!

04.03.1996

Bedeutung in „F"

Ma' denkt im Alltagseinerlei,
dass Ostern oi'fach fröhlich sei.
Des woiß am End au' jedes Kind,
dass d'Ostra FROHE OSTRA sind.

Doch, was macht froh am Osterfest,
was bringt a Farb ins Osternest?
Was hot dia b'sonder Eigenart
Und macht die Ostereier hart?

A Buchstab' isch's im Alphabet,
der do an sechster Stelle steht:
Das „F" macht erst das Ostern froh,
denn ohne „F" wär' alles roh!

22.03.1996

In Flagranti

Version A

Dass viele von den vielen Paaren
nun schon seit vielen hundert Jahren
als zöge sie es an den Haaren
zielstrebig nach „Flagranti" fahren
um dorten so gewissermaßen
ja nicht die Liebe zu verpassen
und sich dabei erwischen lassen
ist schlicht und einfach nicht zu fassen.

Version B

Viele haben schon im Leben
ganz und gar der Liebe wegen
und um Leidenschaft zu pflegen
nach „Flagranti" sich begeben
um dort so gewissermaßen
nicht die Freuden zu verpassen.
Dass sie sich dort erwischen lassen
ist peinlich und meist nicht zu fassen.

29.12.2001

Hütten-Unruh'

A Blähung im Verdauungstrakt
hot scho jeden von uns packt.
Weicht dia Abluft schnell und kurz,
isch des allgemein a Furz.
Goht des Ganze laut und hoiß
spricht ma eher vo' ma Schoiß.
wird no Material mitg'rissa –
dann hosch scho in d'Hosa g'schissa.

Michael Schuster-Hütte
12.09.2004

„Wenigkeit"

Au' wenn du heit Geburtstag hosch,
ka' i nix schenka dir, verschtosch –
weil i bin it bloß dann und wann,
sondern zu alle Zeita klamm.
Des Sprüchle isch, von Herzen g'schrieba,
als kloine Gabe übrigblieba!

30.11.2007

Geselliges

Trinkspruch

Zu Ehren dieser schönen Damen
die zu unserm Feste kamen
will ich meinen Spruch verkünden
damit sie Anschluss an uns finden.
Bei Bier, Gesang und auch Musik
scheut nicht mein junges Herz zurück
die Damen höflichst einzuladen
die Kosten für das Bier zu tragen! Prost!

August 1962

Trinkspruch

Ein Mann, der stets im Freundeskreis
als edler Spender sich erweist
sei hier mit diesem kurzen Satz
gepriesen als der größte Schatz
den man als Freund sich denken kann,
es lebe hoch der Edelmann!
Es ist der Wunsch, der uns gefällt,
dass er den Brauch auch beibehält,
der Brauch, der wie in diesem Falle:
die randgefüllte Freibierschale! Prost!

Mai 1963

Trinkspruch

Dem Mann, der einst das Bier erfunden,
sei noch einmal der Kranz gewunden.
Er hat das größte Werk vollbracht,
das Menschen jemals ausgedacht.
Doch geb' ich noch einmal hier kund
die Worte aus Erfinders Mund:
Es war von Anfang an bestimmt,
dass es durch Männerkehlen rinnt!
Weil Adam einst im Paradies
uns diesen Fehler hinterließ:
Er gab damals dem Weibe Recht –
und dieses Erbe steht uns schlecht!
Drum darf sich niemals, unverhohlen,
derselbe Fehler wiederholen!
So stoß' ich nun zum Wohle an:
Der Alkohol gehört dem – Mann! Prost!

Mai 1963

Trinkspruch

Niemals ist ein edler Spender
ein verrückter Geldverschwender!
vielmehr steht er in dem Banne
zu erhalten, was dem Manne
allezeit das Herz beglückt
und den Gaumen so erquickt.
Möge er in diesem Raume
belieben in der Spenderlaune,
so lang bis ihm Einsicht dämmert,
dass er wäre stark belämmert,
würde er den edlen Batzen
für die Weiberleut verratzen! Prost!

September 1966

VEREINSLIED (TTCM)

Ein Tisch, ein Netz, ein Schläger,
ein kleiner, flinker Ball.
Das sind des Sportes Träger,
der uns begeistert all'.
Ja, weil er jeden bringt in Schwung,
hält uns Leib und Seele jung!

Schwarz - weiß sind uns're Farben,
Kameradschaft erste Pflicht,
die wollen wir auch wahren –
zerreißt uns keiner nicht!
Unser Verein, der ist o.k.
Ein dreifach Hoch dem TTC!

Und will 'ne andre Mannschaft
mal unser Gegner sein,
wirft jeder seine Kampfkraft
in dieses Match hinein.
Wir zeigen 's mit Schmett'rern wohlgezielt
wie man mit Studenten spielt!

Hat einer unsrer Spieler
zu siegen nicht vermocht –
wird nächstem Gegner wieder
vom „Saumehl" dick gekocht.
Verlässt uns einmal auch das Glück –
wir zahlen es euch bald zurück!

Ist dann das Match vorüber
verloren, ob gesiegt –
wir sitzen alle nieder
wo Sangesfreude blüht.
Stoßen auch mit den Freunden an:
wir kommen gerne wieder z'amm!

Unser Verein, der ist o.k.
ein dreifach Hoch dem TTC!

Mai 1963

Lebensart

Am Krankenbett

Liebe Mutter, denke dran,
dass warm die Sonn' jetzt scheint –
der Lenz hat sich gemeldet an
und alle Hoffnung keimt!

Zeig' der Krankheit mit viel Mut
die Stirn und werd' gesund,
dann ist bald alles wieder gut
und Lächeln wird dein Mund!

Ich hoffe, dass nach all' den Tagen
die Krankheit Dich nun scheut
und wir Dich wieder haben,
das wär' die größte Freud'!

März 1963

36

Der Lebensbaum

Ein Frühlingstag ist neu erwacht
und einladend strahlt die Natur.
Es haben drei Menschen sich aufgemacht
zu wandern, ein Weilchen nur.

Klein Hans, geführt von Vaters Hand,
die Mutter zur anderen Seite,
freut sich, und mit Kindesverstand
strebet er in die Weite.

Dann, an einem schattigen Platz,
den spendet ein prächtiger Baum,
halten die Wandernden ihre Rast,
nahe am Waldessaum.

Wie sie so sitzen, sich stärken die Drei,
springt Hänschen plötzlich auf,
winkt mit der Hand den Vater herbei
und deutet den Baum hinauf.

Der Vater versteht, er hebt seinen Sohn,
er setzt ihn behutsam sodann
auf den Ast, den ersten schon
und zugleich stärksten am Stamm.

Der Kleine ängstlich da oben sitzt,
hilflos, verwirrt ist sein Blick,
obwohl er die ersten Angsttropfen schwitzt,
will er doch nicht mehr zurück.

Die Mutter da unten, sie hat keine Ruh,
sie unterdrückt nicht ihr Weinen,
der Vater spricht ihr ermutigend zu:
nun steht er auf eigenen Beinen.

Tatsächlich, der Junge richtet sich auf
und seine Hand sich windet
tastend an diesem Ast hinauf,
ob sich ein Halt nicht findet.

Ein Zweiglein die schwache Hand ergreift,
fest hält sie es umschlungen –
es scheint, als hätt' Hänschen abgestreift
die Angst, mit der es gerungen.

Ganz langsam, mit all seiner Kraft
und auch mit kindhaftem Glück
der Bube quälend sich höher schafft
und meistert ein kurzes Stück.

Darauf der Junge kraftlos verharrt,
zu rühren wagt er sich nicht,
ihm stehen, als er hinunter starrt,
die Fragen weiss im Gesicht.

Ihm geben die Eltern in allem Bescheid,
jeder Rat ist gut abgewogen
und schon ist Hänschen wieder bereit,
sind alle Zweifel zerflogen.

Entschlossen nach einem Zweig es schaut,
der ihm zum klettern nützt,
auch nach einem, der ihm erlaubt,
dass es sich auf ihn stützt.

Der Baum, er bietet gar hundertfach
Hilfe mit seinen Zweigen –
es ist, als hätt' er voraus bedacht,
dass jemand ihn will durchsteigen.

Trotzdem fällt es Hänschen nicht leicht,
denn unsicher ist noch sein Tritt,
das geringste, wenn er es nicht erreicht,
bedeutet sein Missgeschick.

Denn es ist ihm noch unbekannt,
was dieses hier mit sich bringt,
dass der Baum ihm Verstand abverlangt –
zu ernsten Gedanken zwingt.

Schüchtern wagt es der Junge nun
und steigt in den Wirrwarr hinein,
um alles in seinen Kräften zu tun,
um bald wieder draußen zu sein.

Sein Wille allein das Tempo bestimmt
und ist er dann mitten drin,
noch freudiger er nach oben dringt,
näher dem Ausgang hin.

Zum erstenmal hat er Gelegenheit,
den Baum genau zu betrachten,
er erkennt nur wenig Gefährlichkeit –
ihn blenden all seine Prachten.

So ist es gut, denn jeglicher Schreck,
der sich hier auf ihn zwängt,
reißt allen Boden unter ihm weg,
die Selbstachtung auch verdrängt.

Noch ein Stück und er hat es geschafft,
gleich wird er höher stehen,
die nächsten Sorgen, die er sich macht
sind: wie soll es weiter gehen.

Es dauert lange bis er gefunden
den Weg, den er steigen will,
er ist mit der Eltern Rat verbunden
und dennoch hat er kein Ziel.

Das Ferne lässt ihn noch ungestört,
denn neue Dinge sich melden:
auf einmal klein Hänschen aufbegehrt,
nunmehr als Hans zu gelten.

Er fühlt in sich immer stärk're Kraft
und weiß, nun gilt es zu halten
die Höhe, die ward bisher gerafft,
zu steigen auf sicheren Balken.

Zaghaft, dann mutig er jetzt beginnt
das schwierige Stück anzugehen,
da regt sich ganz plötzlich stürmischer Wind,
der ihm will die Richtung verdrehen.

Energisch Hans sich dagegen sträubt,
er zeigt hier tapferes Kämpfen,
wenngleich er wird ein wenig betäubt,
gelingt es die Wildheit zu dämpfen.

Und eifrig ist er hierauf bemüht,
an Höhe rasch zu gewinnen,
weil im Geäst das Windloch er sieht,
dessen Gefahr zu entrinnen.

Wie zum Hohne sich auch noch mischt
der Regen zur peinlichen Lage
und wütend er auf ihn nieder zischt,
wird ihm zur schwersten Plage.

Schlüpfrig und tückisch ist jeder Halt,
doch er will und wird sie bezwingen
die besessene, schlechte Gewalt,
und möchte sie niederringen.

Erlösend ist es, dass hier gekonnt
ein Ast sich vor Nässe zu schonen –
er ist's, der alle Mühe belohnt,
der wilden Macht nicht zu fronen.

Die Stütze, die bisher ward kaum bemerkt,
so wenig Beachtung gefunden,
hat entscheidend dem Hans gestärkt
den Rücken, von Brechern umwunden.

Urplötzlich, im Handumdrehen
setzt kraftvoll und schmeichelnd ein,
als wäre nicht das geringste geschehen,
wärmender Sonnenschein.

Der Weg nach oben ist wieder offen,
die Nerven, an denen gezerrt,
gesunden schnell in stärkerem Hoffen,
dass fortan nichts mehr erschwert.

Und der Baum beginnt zu entfalten
aufs neue leuchtende Pracht,
um alles wieder froh zu gestalten,
darauf scheint er bedacht.

Dieses, sein Beispiel, deutlich beweist,
dass viel zum Guten sich wendet,
wenn an Gedanken, Rache-vereist,
kein Gedanke verschwendet.

Hans aber bricht im ersten Zorn
Äste, die ihn betrogen –
da spürt er schon des Nachteils Sporn:
er kommt nun schwerer nach oben.

Es ist sein Ehrgeiz, der nun verdeckt
die spürbar entstandene Blöße
und dass er einsetzt, was in ihm steckt,
deutet auf Mannesgröße.

So hat er nun den Punkt auch erreicht,
an dem er sich muss befleißen
den Kurs, der einem Starken gleicht,
im Geiste grob zu umreißen.

Für seine Entscheidung lässt er sich Zeit,
es wäre falsch, hier zu hasten –
als Mittler steht die Erfahrung bereit:
beim Rechten fest einzurasten.

Und hierfür schaut er sich gründlich um,
verweilet wachsam, geduldig –
denn ein gewisses helfendes Tun
ist auch der Baum ihm schuldig.

Vielerseits die Zukunft ihm blinkt
in allen erdenklichen Farben,
durch mehr, als nur einen Zufallswink
erkennt er vertuschte Narben.

Da gibt sich ein Hauptast, gar nicht weit weg,
als gut und stark zu erkennen,
verspricht zu sein der sichere Steg,
dem man Glauben kann gönnen.

Hans ist entschlossen, auf ihn zu bauen
in ehrlicher Zuversicht,
so schenkt er ihm gewichtig Vertrauen –
doch mehr gibt er vorerst nicht.

Denn er hat inzwischen prüfen gelernt
und wartet äußerst gespannt,
dass sich der Schimmer zum Feuer erwärmt,
der Misstrauen restlos bannt.

Nun ist es auch dem Hauptast gewiss,
worauf der Hans wohl besonnen,
er bietet ihm den sichersten Sitz
und hat seine Liebe gewonnen.

Hans betrachtet ernstlich sodann
empfindend, was richtiges Glück,
denn Hauptast fortan als zweiten Stamm –
erhält für sich Liebe zurück.

Er klettert weiter, noch mehr angestrengt,
jedoch mit leichteren Füßen
und Armen, deren Griff darauf brennt,
für keinen Fehler zu büßen.

Um allen Schaden zu vermeiden,
ist er in Zukunft besorgt,
auf dass neue Zweige noch treiben
und auch gedeihen fort und fort.

Wieder ist sein Blick hochgerichtet
und dessen Leuchten sich mehrt,
weil erstmals er den Gipfel gesichtet,
auf dem er zu thronen begehrt.

Vermag auch der Anblick ihn aufzureizen –
er ist nicht darauf gestimmt
die Kraft im großen Sprung zu verheizen,
der ihm die Vorfreude nimmt.

Vielmehr ist er auf eines erpicht:
nun will er genießerisch
Meter für Meter zur obersten Schicht,
wo auch das Ende ist.

Von jetzt ab dauert es nicht mehr lang
auch wenn er Gemächlichkeit übt,
er rückt dem Gipfel näher heran,
der seiner Scheu ihn rügt.

Ein letzter Ruck – und schon sitzt er fest
und frei von jeglicher Last
auf oberstem Platz, wonach er gehetzt
und kostet verdiente Rast.

Hier hat er Aussicht nach allen Seiten,
über ihm strahlendes Blau,
Zufriedenheit kann er nicht bestreiten
und trägt wie gerne zur Schau.

Hier will er bleiben fest und lang
und widmet so manchen Blick
der Strecke, die er freudig und bang
durchstanden in eigen' Geschick.

Trotz seiner Hände, die tief zerschlissen,
möchte er nicht einen Zoll
im langen Weg des Aufstiegs vermissen –
vergessen ist jeglicher Groll.

Während ein Sinn den anderen peitscht,
platzt aus dem Nichts hervor
die Kälte, die wie rasend zerfleischt
die Kraft, so strotzend zuvor.

Hans verspürt mit blutendem Herz
wie sich die Kälte bemüht,
ihn zu verdrängen hinunterwärts,
vom Glanz, der kurz ihm geblüht.

Widerstandslos wird er abgeschoben
und ehe er sich verfängt,
von glatter Rinde tiefer gezogen,
mitten im Baume schon hängt.

Gleich und ohne kurz überlegen
wühlt er im alten Drang
ganz allein der Höhe entgegen,
wie es ihm vorher gelang.

Bald schon aber hat ihm versagt
der Atem wichtigste Dienste
und der Einsatz, den er gewagt,
erwirkte nicht das Geringste.

Weiter rutscht er abwärts im Nu,
gleichsam gerissenen Bändern,
trotzdem sieht Hans gelassen zu –
er kann ja doch nichts mehr ändern.

Und da ist wieder derselbe Ast,
der ihm half noch oben fort,
er soll ihm bremsen des Abstiegs Hast –
zu spät – er ist schon verdorrt !

Er stürzt hinunter und schlägt dann auf
am Boden hart und schwer,
bleibt liegen dort, er kann nicht mehr auf,
hat kein Bewusstsein mehr.

Als er nun aufwacht, wird ihm nicht klar
wie lang ihn sein Sinn verlassen –
warum steht der Baum, der grün immer war,
nunmehr in gelbem Verblassen?

Er sucht seine Eltern und find't weit und breit
nicht eine Spur von den Lieben –
warum sind sie nicht die kurze Zeit
hier unten stehen geblieben?

Seine Augen schweifen nun in die Runde
von Zweifeln ihn zu befreien,
ihm gibt der Wald ernüchternde Kunde
durch seine gelichteten Reihen.

Er senkt den Blick und senkt auch sein Haupt
und so hat sich zugetragen:
die Lieben, die er zu finden geglaubt,
findet er hier begraben.

Dies' zeugt ein Kreuz aus grauem Stein
mit kleinem Hügel davor,
die Namen, die hier geschlagen ein
sind alles, was er verlor! –

Er fährt mit der Hand sich übers Gesicht
in müder, geschlagener Art,
da spürt er, doch es wundert ihn nicht –
den langen, schon grauen Bart.

Immer wieder schaut er zum Baum
und dann zurück aufs Grab,
seine Gedanken schmelzen zum Traum: -
er sehnt sich selbst hinab.

Ein Frühlingstag, der neu erwacht
im Abendschimmer vergeht –
es steht ein Mensch, der vieles vollbracht,
still beim letzten Gebet ...!

01.10.1962

Der Wille

Was prägt erst den Menschen zum richtigen Mensch?
Welch Tugend steht wohl dafür?
Was hat stets die Weichen auf vorwärts geschwenkt?
Was ist der Persönlichkeit Zier?

Es ist der Wille im kernigen Wort,
er hat die Hände gerührt,
ihm dank ich das Jetzt sowie auch das Fort,
ohn' ihn wär' gar nichts passiert!

Was ist ein Jemand, der willenlos treibt,
der ohne jeden Entschluss?
Ein Niemand ist das was übrig noch bleibt,
ein Splitter voller Verdruss!

Es gibt aber auch einen Unterschied:
Der schlechte Wille ist Wut,
und hier gibt mir recht, wer nützlich bemüht,
der gute Wille ist Mut!

04.11.1964

„Ein Kalendertag"

Ein kleiner Mann, nun nennen wir
ihn ganz schlicht Hans-Peter hier,
trifft, wie so oft, den guten Freund
um mit diesem dann vereint
irgendwo in unserer Welt
zu tun und lassen was gefällt.
Die zwei versteh'n sich beispielhaft
und diese „ihre" Freundschaft schafft
unzerreißbar starkes Band,
wie vielerorts es unbekannt.
Doch eines Tages in der Tat
sich folgendes ereignet hat:
Auf Grund von seel'schen Stimmungen
das Band erleidet Schwingungen.
Die Schwingung aber, unvermindert,
eine Verständigung verhindert
und dieser Zustand mit der Zeit
die stärksten Freunde leicht entzweit,
weil beidenteils der Zorn noch lockt
der jedem den Verstand verbockt.
So wird Hans-Peter kurzerhand
von andern schon zum „Depp" ernannt.
Das böse Wort, es hat gesessen
gleich ist der Kamerad vergessen!
Hans-Peter zahlt – wie könnt es sein ...?
sofort mit gleicher Münze heim.
Klug zu sein sich jeder weigert
und erst recht in Wut sich steigert
bis noch bleibt zu allerletzt
vom starken Band ein Jammerrest.

Der Bruderkrieg ist hell entzündet
und ein Hitzestrahl sich windet
zu Bewohnern naher Kreise,
die gleich kommen scharenweise.
Die Menge, noch nicht informiert
als erstes froh das Feuer schürt.
Bald, es dauert nur ein Weilchen,
hat die Masse schon zwei Teilchen
die vergrößernd sich ereifern
Partei für jemand zu ergreifen.
Beschämend ist auch hier das Wunder,
dass Böses hat den stärksten Zunder,
denn, anstatt man mutig schlichtet
wird größter Schaden angerichtet! –
Ein Greis nur zitternd abseits steht
weil Ähnliches er oft erlebt.
Bei ihm allein hat der Verstand
behalten noch die Oberhand.
Was ist das für 'ne dumme Welt,
die wegen nichts zusammen fällt?
Wie aber soll er ganz allein
hier irgendwie noch Retter sein?
Er dreht sich ab und schreitet schwer
den Weg, den er gekommen her.
Wer wohl die Schuld hat? ... denkt er sich –
Nun ja, die Alten sicherlich!
Dass er sich selber auch gemeint,
hat er sich, ehrlich, nicht verneint!

30.06.1963

The „Kathy and Uncle Johnny" – Story

Zu Hause wieder angekommen
ist die liebe Mutter jetzt.
Ja schau! Wen hat sie mitgenommen ...?
mich hat es auf den Arsch gesetzt!

Momentan vor Freude stumm –
Beim Anblick von dem Fratz,
mir schlagen fast die Augen um ...
sooo ein süßer Spatz!

Und ganz plötzlich, wie der Blitz
schnapp' ich mir den Engel
um dann, wenn auf dem Arm er sitzt,
zu fressen gleich den Bengel!

Obwohl der kleine Erdenwurm
mich nie zuvor gesehen,
lacht er bei meinem Freudensturm,
lässt's quietschvergnügt geschehen!

Schon lange habe ich fürwahr
Solch Glück nicht mehr genossen!
Ich finde Kathy wunderbar –
hab' sie ins Herz geschlossen!

10.09.1963

Abschied

Vor ein'ger Zeit, ich weiß noch wohl
so gut, als wär' es heut
'ward mir ein Blümlein wundervoll
hier in mein Haus gestreut.

Ich las es auf mit hellem Blick
und pflanzt' es voll Gefühl
ins Fensterbeet mit viel Geschick,
dass es erblühen will.

Und Tag für Tag beim Sonnenstrahl
ist es auf's neu erwacht
hat Freude oft und auch zumal
manch' Kummer mir gemacht.

Es ging das Jahr dahin im Flug
das Blümlein, treu gepflegt,
die allerschönsten Blüten trug,
war richtig eingelebt.

An jenem Tag, man grub es aus
und nahm es wieder fort,
war traurig leer das frohe Haus,
auch blind das Fenster dort.

In meinem Herzen blieb jedoch
das größte Loch zurück –
und jede Stunde denk ich noch
an mein „Vergißmeinnicht"!

04.01.1965

Erinnerung

Es gibt so manches in der Welt
worüber man nicht spricht –
und wenn wer gutes mal erzählt,
dem stockt die Zunge nicht.

Verschieden sind die Menschen dort –
im kritischen Bereich –
doch geht es um ein Heldenwort,
dann sind sie alle gleich.

An diesem Punkt ist angebracht,
dass man hier korrigiert:
nicht jedem hat das Glück gelacht,
ist auch kein „Pech" passiert.

Und wenn hier nun die Rede ist,
so ist es gutes nur:
mich hat ein Mädel einst geküsst
mit zierlicher Figur.

So süß auch das Erlebnis war,
nicht Schöneres ich wüsst:
als Jüngling wurde ich sogar
zum erstenmal geküsst.

Ist auch die Freude riesengroß,
ich hätte nicht gewagt
hier zu posaunen, ich hab' bloß
es still dem Schatz gesagt.

23.06.1965

Die Gedanken sind frei

So manches mal zur manchen Zeit
schießt es mir durch den Sinn,
wie's wär', wenn ich vom Mensch befreit,
ein kleiner Vogel bin.
Ich könnte fliegen weit und hoch
und singen hell und schön
wie auch zu meiner Freude noch
die Welt von oben seh'n.
Oder vielleicht 'ne Miezekatz
als braver Mäusehirt,
die abends auf dem Sofa–Platz
recht lieb gestreichelt wird.
Auch wär' ich gern ein Fischelein
dort in dem klaren Bach,
das außer dauernd hungrig sein
sich keine Sorgen macht.
Dann wäre erst das Leben schön:
befreit von jeder Pflicht
ich könnte alle Wege geh'n
ob will ich – oder nicht.
Hier kommt auch schon der Pferdefuß:
Den Vogel fängt man ein,
die Katze beißt der Hund zum Schluss,
der Fisch schmeckt bratenfein.
Drum bleib' ich lieber noch Rekrut
in unserer Neun/Acht,
dort werde ich in bester Hut
zum rechten Mann gemacht ...(!)

14.08.1965

Aphorismen

Wenn jemand seinen Mitmensch nicht achtet
und tut so, als wär' er nicht hier,
sich selbst nur als den Besten betrachtet,
dann steht er noch unter dem Tier.

01.11.1965

Es herrscht die Meinung vielerort
die Treue brauche immerfort
gewichtig Lebensmut –
wer aber so vermessen denkt
hat sicher niemand Glück geschenkt,
kennt nicht der Liebe Gut.

12.09.1966

Wetterlaune

Ich, der so die Sonne liebe
Und den Sommer gleichenfalls,
Nebst dem tollen Strandbetriebe
Auch der Nixen schönen Hals, ...

... Liebe auch die Urlaubstage,
Wie die Bräune auf der Haut,
Trotzdem hat die Regenplage
Meine „Liebe" nicht versaut.

Vielmehr seh' ich in der Nässe
Nur den Prüfstein der Geduld –
Hilft da etwa Zornesblässe
Wenn die Sonne uns nicht huld?

... Bleibe trotz der Regenschauer
Unverdrossen weiter froh,
Hätte ich auch tiefste Trauer
Wär' das Wetter – ebenso!

01.06.1966

Das Ende der Liebe

Beim stillen Teich, am grünen Strand
unter dem Birkenhain,
dort gaben sie sich Herz und Hand,
gelobten treu zu sein.

Sie waren ein so schönes Paar
von vielen wohl beneidet,
man wünschte, dass in hundert Jahr'
das Glück nicht schaden leidet.

Doch das Gesetz, es rief ihn fort
mit einer großen Schar
an einen fernen fremden Ort,
zu kämpfen in Gefahr.

Der Abschied war so tränenreich,
weil tief im Herzen mit,
nach einem Hieb des Schwertes gleich
die blanke Seele litt.

Er schrieb an sie, sie schrieb an ihn,
sie schrieben Tag für Tag,
dass sie sich lieben weiterhin,
wenn auch die Welt nicht mag.

Es schlich die Zeit so träg dahin,
die Briefe häuften sich –
doch standhaft hielt der beiden Sinn
das Wort: „Ich liebe dich."

Dann kam ein Brief, den ihre Hand
in Angst und Sehnsucht schrieb,
so floh er aus dem wilden Land,
sein Herz ihn dazu trieb.

Er kam nicht weit, es durft' nicht sein,
der Feindesriegel fest,
schleppt weiter ihn in's Nichts hinein –
wohl für den langen Rest.

Dort frönte er in Einsamkeit
viel Jahre und noch mehr –
kein Brief hat ihn dort je erreicht,
längst war sein Schreibzeug leer.

Gar viel an Schmerz und Ungemach
hielt mancher Tag bereit,
doch schwerer als an Leibes-Schmach
trug er am Herzeleid.

Und endlich, nach so langer Pein,
gab man ihn schließlich frei,
mit allen Kräften strebt er heim,
fragt, wo die Liebste sei.

Die Leute alle gaben still
ihm deutend zu versteh'n:
beim stillen Teich, ihr täglich' Ziel,
kannst du sie wiederseh'n.

Er eilt davon mit weitem Schritt,
hin zu dem grünen Strand –
dort sah er sie mit feuchtem Blick
in eines Andern Hand.

Ihm stach das Herz, doch fasst' er Mut,
er frug sie nach dem Grund –
aber anstatt der Worte Flut
geschlossen blieb ihr Mund.

Verblichen schien ihr seid'nes Haar
und blass der Wangen Rot –
da wusste er, wer Jener war:
der Andere war – der Tod.

November 1965

Meeting

Sommer war's in jenem Land
wo Berge hoch und kühn
die Wolken küssen, in der Wand
noch Edelweiß erblüh'n.

Dort fand sich einst ein Mädchen ein
und auch ein junger Mann:
sie nehmen sich in Augenschein
und freundeten sich an.

Doch der Bekanntschaft kurzer Zeit
drängt sich der Abschied auf
sie trennten sich so schrecklich weit,
so wollt's der Zeiten Lauf.

Sie schreiben Briefe übers Meer
und senden Grüße sich
ein Wiedersehen gibt's nicht mehr
für immer sicherlich.

Und jeder sucht ein neues Glück
in seinem Heimatland –
und später man erinnert sich:
den Mensch hab' ich gekannt ...

18.07.1966

Der Sündenbock

Es hat die Not schon Manchermann
zur Lüge wohl gezwungen,
auch wurd' mitunter dann und wann
das falsche Lied gesungen.

Nun, dies und jenes fällt zuletzt
nicht zu stark ins Gewicht,
doch geht's mit einer Schwäche jetzt
hier schärfer zu Gericht.

Die Schwäche ist das eig'ne „Ich",
die Angst zur Ehrlichkeit,
in heiklen Dingen namentlich
man Wahrheit peinlichst scheut.

„Die Fehler sind zu machen da"
so heißt das schöne Wort –
ein Fehler, der begangen war,
verschwindet nicht sofort.

Dies ist dem Mensch nicht angenehm,
hier fühlt er sich entblößt,
weil Spott und Schande unbequem
er alles von sich stößt.

Auch bürdet er bedenkenlos
auf and're seine Schuld
und stützt das neue Unrecht groß
mit teuflischer Geduld.

Nicht irgendeine Religion
bräucht' hier der Richter sein –
das Menschenhirn alleine schon
müsst' wissen, was gemein!

Dass Irren nun mal menschlich ist
ist allgemein bekannt,
doch wer aus Bosheit das vergisst
wird rechtens „Lump" genannt.

Wer durch die Lüge so geschickt
von Unrecht eingepackt,
nicht selten wird noch mehr verstrickt,
man glaubt nicht was er sagt.

So ist es nun im Leben mal:
ein Sündenbock muss sein –
der Sünder ist ein schwerer Fall,
der Bock ein armes Schwein! ...

23.03.1966

Trennung

Glücklich ist in eig'nen Räumen
man gewöhnlich allezeit
und von besserem zu träumen
ist dann Selbstverständlichkeit.

Schon ein kurzes Trennen müssen
schafft ein erstes Bang-Gefühl,
heiß bedeckt man sich mit Küssen
wartet mit der Hoffnung still.

Und dann kommt das Wiedersehen
Beider Herz in Wallung steht:
dieser Tag darf nie vergehen
spricht die Seele tief bewegt.

Heimlich nimmt man es zur Kenntnis,
dass die Trennung, die geplant,
fördert das Gemeinverständnis,
Liebenden die Zukunft bahnt.

Anders aber sind Gefühle
wenn man gänzlich scheiden muss
zeigt sich doch des Schmerzes Kühle
bis zum allerletzten Schluss.

In der großen Bahnhofshalle
hab' ich es mit angeschaut:
auf dem Bahnsteig winkten alle,
weinend eine junge Braut.

Schluchzend stand sie, voll Beklemmen,
als der Zug die Fahrt begann
beide Wangen voller Tränen
so als ob ihr Glück zerrann.

Ich saß gleichfalls in dem Wagen
neben diesem jungen Mann
und ich sah auch ohne Fragen
wie er selber litt daran.

Während uns'rer langen Reise
sprach er nur ein einz'ges Wort
und er sagt es bitter, leise:
muss ins Ungewisse fort!

Und ich fühlte mit dem Fremden,
doch das Mädchen, schon so weit
zurück, wo diese Schienen enden,
tat mir noch einmal so leid.

22.09.1966

Album

Es ist des Lebens kurze Zeit
noch kürzer als es scheint
verglichen mit der Ewigkeit
wer hat das je verneint.

Drum, Menschen, nützet diese Rast
die uns von Gott geschenkt,
dass doch die große Weltenlast
in leichte Bahnen lenkt.

Ich tu' mein Bestes gern dafür
auf meiner Lebensbahn
und jedes Bild sagt Dir und mir
was alles ich getan.

06.04.1967

Ein Freund

Ein Freund? —
Ja, so darfst du gern mich nennen.
Auch geb' ich mich als Solcher zu erkennen.
Selbst, solltest du bei allem Sollen,
nicht über meine Fehler sehen wollen!
Und deshalb warne ich hier auch
vor einem Sympathie-Missbrauch:
Es ist der Freundschaft hohes Ziel
zu geben – und erhalten viel.
Drum hört nach diesem alten Brauch
beim Geld schon manche Freundschaft auf!

07.01.1968

Für Dich

Wer gern gesehen und gemocht
Mit wem Beisammen sein erhofft
Wer gern gehört und angesprochen
Der hat zumeist ein Herz gebrochen
Wer liebe Worte denkt und sagt
Wer sich zu offenbaren wagt
Wer Lügen und Gemeinheit scheut
Ist von der Liebe nicht mehr weit
Und wer dazu noch Taten bringt
Von Herzen lacht und gerne singt
Bei wem das Herz die Zunge hebt
Nicht nur für sich alleine lebt
In wem auch Treu' und Achtung weilt
Der ist's, der meine Liebe teilt.

27.10.1971

Der sensible Weihnachtsbaum

Der Weihnachtsbaum ist fein geschmückt,
ein Jeder lobend auf ihn blickt
und freut sich seines Glanzes.
Engel, Kerzen, viele Sterne,
Kugeln, Süßes trägt er gerne,
es steht ihm gut als Ganzes.

Des Lobes voll die ersten Stunden,
nach Tagen aber schon bekunden
so manche ihre ersten Tadel,
dass dort ein Ästchen hängt ...
weil dies den Weihnachtsbaum so kränkt,
verliert er jede Nadel.

21.12.1991

Fünf Stufen nach Innen

Mach' alles stets, als hättest du's
zum letzten Mal getan,
weil nicht ein Scherz und auch kein Kuss
sich wiederholen kann.

Auch nicht, wenn du ein weit'res Mal
es nochmals haben willst,
denn doppelt gibt's kein erstes Mal,
auch nicht, wenn du es stiehlst.

Geh' immer in dem Wissen klar
und präge es dir ein:
Der Augenblick, so wunderbar,
kann nicht von Dauer sein.

Verfalle nicht dem Ungemach
und giere nach dem Glück,
denn du erhältst mehr Hohn und Schmach
als Freude dann zurück.

Wenn alles du mit Liebe tust,
befreit von Hast und Zwang,
dann erntest du auch was du suchst
und hast's ein Leben lang.

16.04.1993

Kapitalhilfe

So helft doch aus dem Jammertal
dem ach so armen Kapital,
damit es kann an andern Orten
mit leichter Hand Profite horten!

08.02.1995

Aufmunterung

Hast du an manchen   Tagen
ein flaues Gefühl im   Magen
so   etwas   wie   Unbehagen
wenn Kummer und Sorgen plagen
du fühlst dich niedergeschlagen
und kannst den Grund nicht sagen
willst niemand darum   fragen
traust dich nicht zu beklagen
beinahe platzt schon der Kragen
weil   ständige Zweifel   nagen
bist drauf und dran zu verzagen?
Statt jammern solltest du's wagen:
es kann dich in bessere Lagen
noch immer die Hoffnung tragen!

19.02.1995

72

Der Un-Mensch

Der Mensch als Gottes Ebenbild,
er führt nichts Gutes wohl im Schild
will er die Welt regieren.
Ganz seiner Einfalt zugetan
verfällt er gern dem Größenwahn
um diesen zu negieren.

Der Fortschritt ist das Zauberwort
in dessen Sinn er immerfort
Veränderungen schmiedet.
In seine Pläne passt es nicht,
dass er auch mit der Schöpfung spricht,
wie diese es gebietet.

Und weil er keine Einsicht kennt
ist ihm der weite Blick so fremd
wie Würmern unter Tage.
So stellt er sich und die Natur,
mit jeder Einzelkreatur,
den Schöpfer selbst in Frage.

Nur auf sein Eigenwohl bedacht
hat er die Welt marod gemacht,
in seinem Herrschafts-Spleen.
Drum hat der Herrgott nicht zuletzt
die höchste Grenze ihm gesetzt:
den Tod als Disziplin.

15.11.1998

Ein luftiges Paar

Die Fahne und die Fahnenstange,
sie harmonieren schon so lange.
Nun möchte ich doch einmal fragen,
warum sie sich so gut vertragen.
Das ist ganz einfach, meint der Mast,
das Flatterhafte zu mir passt,
weil ich, doch standortlich gebunden,
somit Bewegung kann bekunden,
vorausgesetzt, es geht ein Wind,
dem wir zutiefst verbunden sind.
Ansonsten schmiegen wir uns an
und haben Ruhe dann und wann.
Ganz selten, wie bei langen Flauten,
dass wir uns schon mal schlafen trauten.
Doch ist es unser beider Wille,
dass kurz nur dauert solche Stille,
wenn sich kein Wind dazwischen drängt,
dann fühlen wir uns eingeengt.
Und wenn einmal ein Sturm uns schüttelt,
an unserer Verbindung rüttelt,
dann trotzen wir der rauhen Macht
und wenn es sein muss, Tag und Nacht.

Ich mag so gerne Flagge zeigen,
sagt dann die Fahne unbescheiden,
doch niemals flattere ich blind
und hänge mich nur in den Wind.
Wohl, insgeheim ist mir schon bange
vom Ende von der Fahnenstange.
So werden wir uns beide mühen,
den Bogen nicht zu überziehen.
Wir müssen zwar an manchen Tagen
Auf Halbmast Anderer Trauer tragen.
Auch das gehört zum Lebensreigen,
für etwas Mitgefühl zu zeigen.
Jedoch bei glücklichem Verlauf,
dann bin ich wieder obenauf,
damit die Schöpfung sehen mag:
wie wohl tut so ein schöner Tag!
Ich freue mich mit meinem Mast,
dass alles gut zusammen passt
und bleibe, weil es mir gefällt,
die Fahne, die zur Stange hält.

08.04.1997

Frieden Kriegen

Von Anfang an ist in der Welt
schon Gut bei Bös gestanden.
Und wer nicht auf das Gute zählt,
der wird beim Bösen landen.
Der eine sagt: Ich hab dich lieb,
ich möcht' dein Herz besitzen.
Der Andre schreit: du bist ein Dieb,
und droht mit Gift zu spritzen.
Wer denkt nun von den Beiden schlecht,
wem könnte ich vertrauen?
Die Gold'ne Mitte wäre recht,
doch nicht ganz zu durchschauen.
Das Böse glaubt, die ganze Schuld
beim Anderen zu sehen,
das Gute übt sich in Geduld:
es wir schon wieder gehen.
Über Gefühle darf man streiten,
auch ein Schuss Übermut
kann einen rechten Weg beschreiten,
zuviel tut selten gut.
Das Wort als Waffe eingesetzt
kann schwere Wunden schlagen,
und eine Seele, tief verletzt
schreit noch nach tausend Tagen.
Führt nicht die Zunge wie ein Schwert
und zügelt eure Kräfte,

ein gutes Wort ist viel mehr wert
wie alle Heeres-Mächte.
Zum Frieden müssen zwei gehören
und alle Egoisten,
die durch Krieg alles zerstören,
sollten sich rasch bekehren!
Wem aber jede Einsicht fehlt,
wer nur nach Schaden trachtet,
der hat sich selber auserwählt,
dass man ihn bald entmachtet.
Natürlich wird das nicht gelingen,
mit Schweigen beider Seiten.
Wenn man gezwungen wird zum Ringen,
dann darf man tapfer streiten.
In wem der sture Glaube steckt,
zu sein – ganz ohne Wehren,
im nächsten Hirn die Sinne weckt
zu sträflichem Begehren.
Ein blinder Kampf ist keine Tugend,
man muss mit Anstand walten
und Frieden, Zukunft für die Jugend
auch würdevoll gestalten.
In Frieden wird nur Jener leben,
der mutig ist zu kämpfen.
Dass es ein „Ohne Mich" wird geben –
die Hoffnung kann ich dämpfen.

22.03.2003

Grab – Spruch

Version A

Nicht nur des Todes wegen
lasse ich Euch zurück.
Ihr habt das Erdenleben –
und ich den Himmelsblick.

Version B

Nicht nur des Todes wegen
lasse ich Euch zurück,
ich tausche Erdenleben
gegen das Himmelsglück.

30.12.2003

Dem neuen Erdenbürger

Man wünscht sich so vieles auf der Welt
und glücklich möchte man sein,
ein jeder fühlt sich zum Fürsten erwählt
und wäre er noch so klein.

Ein Berg voller Hoffnung wird aufgebäumt
der schließlich verdeckt die Sicht,
die Wünsche, die man beschwörend träumt
erfüllen sich meistens nicht.

Bei solchen Gespinsten man leicht vergisst,
dass nur ein kleines Kind
alle die Dinge vereint besitzt
die zu erstreben sind.

29.10.1963

Festtage

Weihnachtswunsch aus der Ostzone 1964

Alle Glocken mögen klingen,
alle Menschen sollen singen:
Ehre sie Gott in der Höhe!
Auf Erd' die Friedensfahne wehe!
Fort mit allem Hass und Zorn!
Werft alle Waffen fort ins Korn!
Pflanzt und pfleget wahre Liebe –
Nur so kann werden echter Friede!

Autor unbekannt

Meine Antwort

Bei solchem schönen Weihnachtsvers,
den eben ich gelesen
ist freudenvoll mein junges Herz,
wie selten es gewesen.
Die Friedenshoffnung, wahr gemeint,
steckt ebenfalls in mir,
doch wann die Menschheit sich vereint
bestimmen halt nicht wir.
So gebe Gott ein warmes Herz
in jener Menschen Brust,
die keinen Sinn für unsern Schmerz,
die blind vor Herrscherlust.
Bald stehen wir beim Kerzenschein
und singen „Stille Nacht" ...
dann haben wir zwei, ganz allein,
den Anfang schon gemacht ...!

21.12.1964

(Nicht nur zum) Muttertag

Die Liebe wird in unsrer Zeit
mit Geld oft ausgedrückt
und somit ist man weitest–weit
vom Sinne abgerückt.

Und sind es auch der Leute viel
die schwimmen mit den Strom –
ich offen hiermit sagen will:
ich halte nichts davon.

Mir kommt es vielmehr darauf an
dass Herz und Liebe eins
wie Kind und Mutter, Frau und Mann
was mein ist – ist auch deins.

Auch bin ich weiter überzeugt
dass schon ein liebes Wort
der Anerkennung Freude streut,
Glückseligkeit besorgt.

Und wer dazu noch Blumen gibt
Hat einen Mensch entzückt,
hat in der Liebe ganz gesiegt,
ein Herz vollauf beglückt.

07.05.1965

Muttertag

Ein liebes Mädchen, zart und klein,
hat sich zum Wald gewagt –
ein Sträußchen Blumen soll es sein,
denn heut' ist Muttertag.

Am Waldesrand, beim Sonnenfleck,
herrscht schönste Blütenpracht,
der Himmel hat für diesen Zweck
dies' Plätzchen reich bedacht.

Das Kind, es hüpft mal hin, mal her,
das schönste Blümlein bricht –
die Qual der Wahl fällt halt so schwer
weil Herz und Auge spricht.

Bald ist es schon ein stolzer Bund
den es in Händen hält –
noch einmal schweift das Auge rund:
der Zweig dort so gefällt!

Sanft wird der Strauß ins Gras gelegt
und mit Begeisterung
das Mädchen seinen Arm erhebt,
setzt an zum hohen Sprung.

Fest hält die Hand den Zweig im Griff,
reißt ihn mit aller Kraft
vom Stamm – und eine Wunde tief
dort in der Rinde klafft.

Es zeigen aber Spuren auch
die Finger von dem Kind.
Ein kleiner Schmerz für diesen Strauch
ehrt Mutti ganz bestimmt!

Der Liebe Zeugnis ganz allein
das Kind nach Hause treibt,
so kommt es, dass das Sträußelein
vergessen liegen bleibt.

Die Mutter küsst ihr Töchterlein,
drückt es ans Herz, gerührt,
und dieses Still-Beisammensein
zu mancher Träne führt.

Es läuft des Menschen Lebensbahn:
Die Mutter ist gestorben,
das Kind, es wuchs zur Frau heran,
ist Mutter selbst geworden.

Die junge Mutter geht, allein,
an einem schönen Tag –
den Weg zum Walde schlägt sie ein,
wie einst das Mädchen tat.

Da steht sie in dem Blumenfeld,
das sie als Kind beglückt.
Wär' Mutter noch auf dieser Welt,
sie hätt' nen Strauß gepflückt!

Ihr Blick fällt nun auf einen Baum,
der voll in Blüte steht,
und auch der Narbe großer Raum
dem Auge nicht entgeht.

Durch jenen Bruch von einem Zweig
hat sie den Baum entstellt,
es just zu tun wär' sie bereit –
jedoch, die Mutter fehlt.

Und heimwärts dann, im Blumenhaus
kauft sie ein Dutzend voll,
weil auch ein frischer Blumenstrauß
das Grab noch schmücken soll.

Zu Hause wird sie überrascht:
Den Zweig, den sie so mag,
hat ihr ihr kleiner Sohn gebracht ...
denn es ist – Muttertag!

16.04.1965

Muttertag

Zu Dank und Anerkennung
Für Sorge, Müh' und Plag'
Und etwas Kummertrennung
Genügt kein einz'ger Tag.

Wir wollen nicht vergessen:
Erst wenn man sie vermisst
Beginnen wir zu messen
Was Mutterliebe ist!

07.05.1966

Für das Brautpaar

Da nun der Ehe zartes Band
in Liebe Euch vereint,
will reichen ich die Glückwunschhand
weil ehrlich sie gemeint.

Es ist des Lebens schönstes Ziel
für jemand da zu sein,
dass er verspüre Glücksgefühl,
der Treue wahren Schein.

Und auf der Zukunft langem Weg
wünsch' ich Euch alle Kraft,
es findet stets den besten Steg
wer mutig sich gerafft.

Auch wünsch' ich Euch, dass frischer Wind
ins „Schmiedefeuer" bläst,
die Eisen immer glühend sind,
das Glück Euch nicht verlässt.

22.06.1966

Weihnacht

Hell die Glöcklein klingen
und es stimmen ein
die Engelein und singen
dir ins Herz hinein.

Mit schönen, hellen Stimmen
tragen sie es vor –
Beseeltheit spürst du klimmen
am Rücken dir empor.

Und Freude hat genommen
so ganz dich in Besitz,
du lächelst unbeklommen
weil Fried' und Weihnacht ist.

25.11.1992

Valentins(vor)tag

Mag sein, dass ich an „Valentin"
nicht im Besitz von Blumen bin,
mag sein, dass mir ein andermal
steht keine Blume frei zur Wahl.
Auch halte man es mir zu Gute,
wenn nicht nach Blumen mir zu Mute.
Ich will hier nicht mit Tugend brechen
und lasse gerne Blumen sprechen,
doch sage ich ganz unverblümt,
dass es der Rose nicht geziemt
als Lückenbüßer auszuwetzen,
was gern im Alltag wird vergessen.
Ein Brauch ist leider so verzweigt,
dass er die schönsten Blüten treibt.
Wenn Ego siegt vor dem Verstand,
hat der Kommerz die Oberhand.
Und tanzt du nicht nach diesem Reigen
wird dir nur eines übrig bleiben:
Lass dich das Höflichsein nicht reuen,
dann brauchst du keine Blumen streuen.
Die sind zu schade für das Pflaster
und verdecken nur das Laster.

Es reicht nicht, an den „Datums – Tagen"
die Blumensträuße aufzutragen
nur um zu gelten vor der Welt,
wenngleich es nicht so lange hält.
Blühen können alle Herzen
auch beim Kosen oder Scherzen.
Selbst wenn sie es so gerne hören
will ich nicht täglich Liebe schwören.
Ich ziehe vor, an manchen Tagen
es durch die Blume ihr zu sagen,
dass sie die Krume ist von Krümchen –
das geht ganz ohne Gänseblümchen.
Die Blumen welken mit der Zeit,
doch Worte sind von Ewigkeit ...,
romantisch wirkt ein Reim darum,
das Lied bedeutet Steigerung.
Beherrscht wer Ton und Poesie
mit einer schönen Melodie,
der ist ein Frauenherz – Genie.
Ich aber will bescheiden sein
und sage nur dies Sprüchelein.

13.02.2004

Lebensgeschichten

Weihnachtsgeschichte

Es war 1950, am 4. Advent glaube ich, als damals am Sonntag Nachmittag alle Flüchtlingsfamilien in der Gemeinde zu einer Weihnachtsfeier in die alte Turnhalle geladen waren.

Es ging sehr festlich her und für die damalige Zeit waren die „Gaben" des Herrn Nikolaus recht ansehnlich. Der Haken an den Geschenken aber war, dass man sie durch eine Art Verlosung verteilte. Ein wunderschöner Kreisel, der mit der Hand aufgezogen werden konnte, war der Hauptgewinn, den ein etwa achtjähriger Junge (wie ich) freudestrahlend in Empfang nahm.

Ich wartete gespannt, was das Glück wohl mir zugedacht hatte. Aber nichts habe ich bekommen, auch meine jüngere Schwester nicht.
Wir waren sehr traurig und enttäuscht. Neidisch blickten wir auf die bedachten Kinder und weinten vor uns hin. Dabei übersahen wir natürlich, dass auch viele andere Kinder leer ausgingen.

Am Heiligen Abend pflegten wir Ungarn-Deutschen gemeinsam bei allen Verwandten vor dem Christbaum Weihnachtslieder aus der Heimat zu singen, auch ungarische.

Jung und Alt, Klein und Groß, alle sangen dabei mit und es klang herrlich mehrstimmig schön.

Mich rührte dabei die eine Oktave tiefer singende Großmutter so sehr, dass mir meine Tränen die Stimme erstickten. Die Großmutter hatte ich die letzten Jahre wegen unserer getrennten Vertreibung, bzw. Flucht, nicht mehr gesehen.

Beim Weihnachtssingen nun kam in mir ein unbeschreib-bares Glücksgefühl auf, das mich den Kreisel total vergessen ließ.

Ja, ich dachte immerzu, dass doch so eine singende Großmutter viel schöner und wertvoller ist, als so ein Spielzeug.

24.11.1991

Schilderung einer erzwungenen Reise

Am 22.07.1941 bin ich zwischen 10.00 und 12.00 Uhr in Bakony-Oszlop, Kreis Veszprém als 4. von 5 Kindern in Ungarn geboren. Mein Taufname war Johann.

Im September 1947 wurde ich in die 1.Klasse der ungarischen Volksschule im Heimatort eingeschult. Am 28 Januar 1948 erfolgte nach etwa 2 Wochen Vorankündigung unsere Ausweisung durch die ungarische Regierung, wovon die gesamte Familie und größtenteils auch die Verwandtschaft betroffen war. Alte Menschen und mit Ungarn Verheiratete oder Kommunisten waren die Ausnahmen. Wir mussten die Groß-eltern und unser landwirtschaftliches Anwesen zurück lassen.

Am Abschiedsmorgen fanden noch ein letzter Gottesdienst und die Verteilung der Schulzeugnisse statt, wobei sich herzzerreißende Szenen abspielten. In Pferdewagen ging es zum Bahnhof Bakony-Vársány, begleitet vom Abschiedsgeläute beim Auszug aus dem Dorf. In Vársány standen Güter- bzw. Viehwaggons bereit, in welche bis zu 5 Familien mit Kindern verteilt wurden.

In unserem Wagen war unsere Familie mit 7 Personen, Onkel Joskas Familie mit 6 Personen und noch weitere 3 Familien mit einigen Kindern. Die Viehwagen waren mit Stroh eingestreut, einige Strohballen dienten der räumlichen Aufteilung und auch einem geringen Sichtschutz.

Ich erinnere mich noch gut daran, wie meine zu diesem Bahnhof nachgefolgten Großeltern väterlicherseits versuchten, mich sozusagen als Pfand für unsere Rückkehr dazubehalten. Meine Äußerung, dass ich ohnehin zu meiner Tante nach Canada auswandern wolle, machte ihren Gedanken ein klares Ende.

Es kam wiederholt zu rührenden Abschiedsszenen, bevor die Waggons von außen verschlossen und verblombt wurden.

Am 29. Januar setzte sich der Zug in Richtung Tschecho-slowakei in Bewegung. Nach kurzer Fahrt schon stemmte Heinrich, ein Zimmermann, ein Loch in den Boden, damit der Nachttopf geleert werden konnte. Der konische Deckel verschloss wieder die Öffnung und wurde mit Stroh getarnt. Unterwegs gab es noch wenige Anhalte, bei denen die Türen geöffnet wurden um z.B. Verpflegung gereicht zu bekommen. Polizei, Milizen und Soldaten sicherten ständig.

Offizielles Ziel unseres Zuges war Deutschland, gemeint war natürlich die sowjetische Besatzungszone (die spätere DDR) Es gab Gerüchte und Ängste, dass so mancher Bahntransport mit diesen „Eingesperrten" (bei Nacht) in Richtung Sowjetunion bzw. Sibirien umgeleitet worden ist. Es ist wohl nicht nur Glück, sondern sicherlich auch Gottes Wille (?) gewesen, dass unserem Transport dieses Schicksal erspart geblieben ist.

Eine Dampflokomotive mit großem rotem Stern an der Frontseite hatte den Zug über Prag in die SBZ nach Pirna in Sachsen gezogen, wo wir erstmals in ein Lager kamen.

Am 10.02.1948 ging es mit einem Lkw nach Schönbach bei Crimmitschau in den Kreis Löbau. Dort sollten unsere beiden Familien, also 4 Erwachsene und 9 Kinder in einem dunklen und feuchten Kellergewölbe, nahe der Gastwirtschaft an der Hauptstraße, untergebracht werden.

Nachdem die Eltern dies aus gesundheitlichen Bedenken beharrlich verweigert haben, bot sich nur noch die alte, verlassene Rot-Kreuz-Baracke gegenüber an. Das Dach war zwar sehr löchrig, doch dieser Nässe von oben konnte man sich mit Eimern und Schüsseln behelfen, welche uns unerwartet auch gestellt wurden.

Unsere und die Familie des Onkels wurden mittels einer provisorischen Holzwand platz- und teils auch sichtmäßig getrennt. Der Raum also wurde so aufgeteilt, dass jeder seine „4 Wände" hatte. Man richtete sich ein.

Nachdem Tante Mary, die Schwester meines Vaters, unsere neue Adresse erhalten hatte, schickte sie uns regelmäßig aus Montreal in Canada verschiedene Päckchen und Pakete, die mit Nahrungsmitteln, Kleidung, Kaffe und mitunter auch Dollar-Noten bestückt waren. Weil damals aber alle Post schon von den Behörden systematisch kontrolliert wurde, kam so manche Sendung nur unvollständig oder leider auch gar nicht bei uns an. Mit den Dollars konnte man damals schon aus bestimmten Quellen vieles Notwendige erhalten, mit dem Kaffee gar noch mehr eintauschen.

Mein Vater bekam Arbeit in einer Ziegelei im Nachbarort, meine älteste Schwester fand Beschäftigung in der örtlichen Fabrik. Die Familie hatte somit etwas Geld. Mein nächstälterer Bruder und ich wurden bald eingeschult. Wir kamen beide in dieselbe 1. Klasse. Da wir in der Heimat zwar deutschen Dialekt sprachen, in der Schule aber ausschließlich ungarisch unterrichtet wurden, hatte vor allem mein Bruder Schwierigkeiten, da er bereits in der 4. Klasse war.
Für mich war das weniger problematisch, weil ich dort erst ein halbes Jahr eingeschult war.

Parallel zur neuen Klasse wurde ich außerdem im örtlichen Kindergarten aufgenommen und lernte meine ersten deutschen Lieder wie : „Weißt du, wieviel Sternlein stehen", oder „Backe, backe Kuchen". Die ersten Kinderfreundschaften kamen zustande und bald sollten wir jüngeren Kinder zum Schrecken unserer Eltern zur Stalin-Jugend eingezogen werden.

Nach etwa 1 Jahr wurde es meinem Onkel zu riskant, sodass er über Nacht mit seiner gesamten Familie nach „Unbekannt" aufbrach. Er hatte wohl ausreichend Kaffee angespart um das zu ermöglichen.

Jedenfalls meldete er sich nach einiger Zeit aus dem österreichischen Burgenland, nahe der ungarischen Heimat!

Bis wir den gleichen Schritt wagten, dauerte es noch etwa 3 Monate.

Wir Kinder waren natürlich angehalten, niemandem etwas davon zu verraten, aber unser Dorfschullehrer beschwor meinen Bruder und mich (wie zuvor auch unsere Cousins), ihm unsere Ankunft im Westen wissen zu lassen. Wollte er ähnliches auch versuchen, woher wusste er Bescheid, oder war er ein Agent?

Er wird auch von uns nichts zu hören bekommen.

Am 10.Mai 1949 war es dann so weit. Nach Mitternacht etwa brachte uns der Wirt in der Nachbarschaft mit seinem Dreirad-Pritschenwagen zum nächsten „Treffpunkt". Viele Habseligkeiten hatten nebst 7 Personen ohnehin nicht Platz, nach uns brachte derselbe Wirt noch 2 weitere Familien aus Ungarn zum selben Ziel.
Noch vor dem Morgengrauen erfolgte unterwegs der Umstieg auf einen größeren Lkw. Somit fuhren an die 15 Familien über Leipzig in Richtung Grenze zur Britischen Zone.

Über Oschersleben (Thüringen) ging es nach Hammersleben, von dort wurden wir von einem Bauern mit 2 Fuhrwerken nach Ohrsleben gebracht, wo wir in einem Heustadel übernachteten.

Wiederum frühmorgens wurde es Ernst, als es galt, dort über die Grenze in den Westen zu gelangen.

Ein (anderer) Bauer fuhr unsere Familie in Richtung Ziel. Wegen Gruppierungsverbot mussten wir uns trennen, aber auch deswegen, dass nicht der Verdacht der Zusammengehörigkeit aufkommen konnte.

Vater ging mit dem taubstummen Ferdinand, Mutter mit dem 11jährigen Emmerich, die 16jährige, älteste Schwester Adelheid musste es alleine wagen, zum vereinbarten Treffpunkt zu gelangen. Wir beiden Jüngsten, meine 4jährige Schwester Resi und ich, wurden als Kartoffelfracht getarnt, in einem Holzverschlag mit Stroh versteckt, und per Pferdewagen transportiert. Mir als dem Älteren, wurde aufgetragen, dafür zu sorgen, dass die Kleine ab einem Zeichen des Bauern auch keinen Laut mehr von sich gibt und so eventuell das ganze Vorhaben auffliegen könnte. Ich erhielt nähere Anweisungen, z.B. ihr den Mund zuzuhalten, sie zu beruhigen und notfalls sie (fest) zu ohrfeigen.

Es ging solange gut, bis also jener Hinweis vom Kutscher kam, ab jetzt müsse totale Stille sein. Sofort begann mein Schwesterchen zu wimmern und auch laut zu weinen. Ich befolgte jene Anweisung nach Möglichkeit, aber es half nichts. Dann meinte der Bauer streng, ich solle für Ruhe sorgen. So gab ich der Kleinen links und rechts eine Backpfeife und erklärte ihr eindringlich, dass wir sonst unsere Eltern und

Geschwister verraten. Resi wimmerte innerlich weiter und zitterte, aber sie blieb still.

Es war ein ziemlich breiter Bach, an dem wir beim Morgengrauen endlich aus unserer Kiste befreit wurden. Erleichtert sahen wir, dass alle dort unbeschadet angekommen waren, auch die anderen Familien.

Über das teils sogar reißende Wasser wurden vom Fuhrwerk her lange und starke Bretter gelegt, so gelangte man ans andere Ufer. Eine ältere Frau aber fiel hinein und musste gerettet werden. Auf der sicheren Seite des Baches warteten bereits Traktoren mit Anhängern. Es dämmerte der Morgen, als sich das alles abspielte und der Bahnhof von Söllingen sichtbar wurde. Vor und während der Bachüberquerung stiegen von einem sich unweit befindlichen Wachturm Leuchtkugeln über die Baumwipfel in den dunklen Himmel, mehr tat sich nicht. Die Wachhabenden waren von den Organisatoren bereits bestochen worden.
Gott sei Dank!

Das Risiko hat uns die letzten Zahlungsmittel gekostet. Vaters notwendige Bahnfahrt nach Kassel, wo er unter anderem uns einen Verbleib im Lager Gießen erwirkte, bekam er deshalb umsonst. Schon am 16. Mai 1949 ging es über Marburg (Hessen) und Hannover (Niedersachsen) ins Lager im Niedersächsischen Ülzen.

In irgendeinem dieser Lager wurden wir durch viel Pulver entlaust.

Zeitlich kann ich nicht mehr unterbringen, wo und wann ich mein erstes Erlebnis mit dem Nikolaus hatte, jedenfalls beschenkte er uns Kinder mit Kleinigkeiten. Desweiteren weiß ich nicht mehr Zeit und Ort, wo meine Schwester und ich von vermutlich englischen oder amerikanischen Soldaten einen Geldschein über eine halbe Deutsche Mark geschenkt erhielten, den wir selbstverständlich den Eltern gaben. Für uns noch wichtiger aber war je eine Kugel Eis und eine Dose geräucherter Ölsardinen, die heute noch zu meiner Leibspeise zählen.

Am 23. Mai gelangten wir nachts nach Bremen und Bremerhaven, mit seinen beleuchteten Schiffen, und über das niedersächsische Oldenburg nach Vechta. In Vechta verbrachten wir etwa 1 Woche im Lager, bis wir Anfang Juni zur Familie Themann auf deren landwirtschaftliches Anwesen in Hausstette vermittelt wurden. Vater, Mutter und Ferdinand verdingten sich als Helfer auf dem Gutshof, Adelheid verdiente als Hausmädchen etwas Geld im benachbarten Bakum. In Hausstette wurden Emmerich und ich wieder eingeschult, da kam ich in das 2. Schuljahr. Im Spätsommer musste Vater wegen einer schweren Blutvergiftung (Stechmücke?) mehrere Tage ins Krankenhaus. In der durch eine hohe Außentreppe verbundenen Dachwohnung blieben wir bis zum 6. Dez. 1949 bei Familie Themann, wo es uns im Übrigen sehr gut gefallen hat.

Über den Suchdienst des Deutschen Roten Kreuzes bekamen wir Kontakt zu unseren Verwandten Gaal und Stolz im Süden Württembergs.

Wir machten uns also auf ins Allgäu.

Dorthin war der Bahnhof Osnabrück einer der Umsteigeplätze mit Aufenthalt. Ich musste vorübergehend alleine auf unser Gepäck aufpassen, während die anderen Familienmitglieder Besorgungen o.ä. erledigten. Anfangs ging es ganz gut, bis mich mit der Zeit Angst und Neugierde gleichermaßen zu immer weiteren „Ausflügen" trieb. In immer größeren Abständen kehrte ich zum Gepäck zurück und fühlte mich sehr allein gelassen. Die nächste Erkundung führte mich zu einer Lokomotive, die mich so faszinierte, dass ich die Zeit vergaß. Mittlerweile wurde mein Fehlen bemerkt und die ganze Familie machte sich auf die Suche nach mir. Wirklich im allerletzten Moment wurde ich von meiner großen Schwester entdeckt und wir konnten noch auf den bereits anfahrenden Zug aufspringen. Die körperliche Strafe durch die Eltern ersparte mir meine Schwester durch ihre wohlwollende Lüge, dass sie dies bereits erledigt hätte. In der örtlichen Zeitung war tags darauf jenes Bild zu sehen, das uns bei dieser Situation während der Zugabfahrt zeigte.

Von Osnabrück (NS) ging es per Bahn weiter über Münster (NRW), Hagen, Wuppertal und Siegen zum hessischen Hanau, weiter über Heidelberg sowie Karlsruhe in Baden. Donaueschingen, Singen und Überlingen folgten.

104

Ein Tag und eine Nacht stand unser Waggon im Bahnhof Überlingen nahe dem Bodensee-Ufer. Dort fand ich meine ersten Muschelschalen.

Nächste Station war die (damalige) Kreisstadt Wangen im Allgäu.

In einem erdgeschoßigen Raum im dortigen Rathaus verbrachten wir eine weitere Nacht, bis wir am 10. Dez. 1949 mit einem Lkw in Richtung Aitrach losfuhren. Im Bahnhof Aitrach warteten wir ab etwa 11 Uhr vormittags auf den nächsten Zug nach Mooshausen. Meine kleine Schwester und ich spielten draußen Schneeball und aßen gelegentlich auch etwas davon. Als uns ein etwas gedrungener Mann ansprach, dass das Schnee essen nicht gesund sei, fiel mir sofort auf, dass er denselben Dialekt sprach wie wir daheim in Bakonyoszlop.

Kaum war der Mann in den Warteraum gegangen, drangen auch schon Laute der überschwänglichen Freude nach draußen und wir zwei wurden hinein gerufen. Der Mann war unser Verwandter Franz Stolz, den wir als Onkel Franz (Franzl-Bàcsi) von Namen her noch in Erinnerung hatten.Wie dieser nach hierher kam ist eine eigene Geschichte. Gemeinsam fuhren wir mit dem nächsten Zug nach Mooshausen, wo wir genau um 12.25 Uhr ausgestiegen sind.
Viele Sachen hatten wir ohnehin nicht mehr, weil so Manches von Ungarn her auf der Strecke bleiben musste.

Für die erste Zeit fanden wir Unterkunft bei den Verwandten Gaal und Stolz bis für uns eine eigene Bleibe bei der Familie Musch gefunden werden konnte.

Im Jahre 1964 bauten wir unser eigenes Zweifamilienhaus. Die elterliche Hälfte ist an Pfingsten 1966 bezogen worden, meine dann zur Hochzeit im Mai 1972.

Aus meiner (erwähnten) Ausreise nach Cananda ist nichts geworden, dagegen taten dies meine Schwester Adelheid, die per Schiff am 20. November 1951 in Halifax einfuhr und mit dem Zug am 22. November 1951 in Montreal eintraf.

Mein Bruder Emmerich ist am 09. Februar 1957 mit dem Flugzeug in Montreal gelandet. Unsere Tante Mary nahm sie jeweils bei sich auf.

Beide Geschwister lernten bald darauf Ihre künftigen Ehepartner kennen und blieben im Land.